Léon Tolstoï

Aux travailleurs

essai

ISBN : 978-1535315968

10 9 8 7 6 5 4 3 2 1

Léon Tolstoï

Aux travailleurs

essai

Table de Matières

> Et vous connaîtrez la vérité,
> Et la vérité vous affranchira.
>
> (*Jean*, VIII, 32.)

Introduction

Il me reste peu de temps à vivre et, avant de mourir, je voudrais vous dire, à vous travailleurs, ce que j'ai pensé du joug qui pèse sur vous et des moyens qui pourraient vous en libérer.

J'ai beaucoup réfléchi à ce sujet, et de tout ce que j'ai pensé et pense encore, peut-être quelque chose pourra-t-il vous servir.

Je m'adresse naturellement aux ouvriers russes parmi lesquels je vis, et que je connais davantage ; mais j'espère que certaines de mes pensées pourront également être utiles aux travailleurs des autres pays.

Chapitre I

Le fait que vous autres ouvriers êtes forcés de passer votre vie dans la misère, que vous êtes condamnés à un travail pénible, infructueux pour vous, alors que d'autres, sans aucun travail, jouissent du produit de votre labeur, que vous êtes les esclaves de ces hommes, quand cela ne doit pas être, ce fait émeut quiconque a des yeux et du cœur.

Mais que faire pour que cela change ?

Le moyen le plus simple et le plus naturel, celui qui s'offre avant tout et s'est offert de tout temps, vous paraît être d'enlever par la force à ceux qui vivent de votre travail ce dont ils jouissent illégitimement. Ainsi, dans l'antiquité, agirent les esclaves à Rome ; au moyen âge, les paysans d'Allemagne et de France ; ceux de Russie, à plusieurs reprises, au temps de Stenka Riazine et de Pougatchev ; de même agissent parfois les ouvriers russes de nos jours.

Pourtant, ce moyen, considéré par les ouvriers opprimés comme le meilleur, non seulement n'atteint jamais son but, mais, au lieu d'améliorer leur sort, l'aggrave plutôt. Dans l'antiquité, lorsque le pouvoir était moins bien armé qu'aujourd'hui, on pouvait encore

Léon Tolstoï

espérer le succès de ces révoltes ; mais aujourd'hui, lorsque le gouvernement prend toujours la défense de ceux qui ne travaillent pas et détient entre ses mains d'énormes sommes d'argent, les chemins de fer, les télégraphes, la gendarmerie et l'armée, toutes les tentatives de ce genre se terminent invariablement, comme se sont terminées récemment les révoltes dans les gouvernements de Poltava et de Kharkov : par le supplice et le martyre des révoltés ; et la domination des oisifs sur les travailleurs ne fait que se consolider davantage.

En cherchant à opposer la force à la force, vous agissez, vous autres ouvriers, comme un homme ligoté qui, pour se libérer, tirerait sur les cordes qui le lient : il ne parviendrait qu'à resserrer davantage les nœuds qui l'entravent. Il en est de même quand vous tentez de recouvrer par la force ce qu'on vous ôte par la force.

Chapitre II

Il est donc évident pour tous que la révolte n'atteint pas le but et que, loin d'améliorer la situation des ouvriers, elle la rend plutôt pire. Aussi, les hommes qui veulent, ou du moins qui affirment vouloir le bien des ouvriers, ont-ils imaginé récemment, pour les affranchir, un nouveau moyen. Ce moyen est préconisé en vertu de la doctrine suivante : quand tous les travailleurs seront privés de la terre qu'ils possédaient auparavant et deviendront tous ouvriers de fabriques (ce qui doit, d'après cette doctrine, arriver fatalement, à heure fixe comme le lever du soleil), quand, grâce aux syndicats, sociétés coopératives, manifestations et à l'envoi de leurs partisans dans les parlements, ils auront amélioré de plus en plus leur situation et se seront même, à la fin, approprié les usines, les fabriques et les instruments de production, dont la terre, alors ils seront absolument heureux et libres. Bien que cette doctrine soit remplie d'affirmations arbitraires, de contradictions et tout simplement de sottises, elle ne prend pas moins de l'extension depuis quelque temps.

Elle est acceptée non seulement dans les pays où la majeure partie de la population s'est détachée, depuis plusieurs générations, du travail agricole, mais aussi là où la masse des travailleurs ne songe pas encore à abandonner la terre.

Une doctrine qui exige avant tout d'arracher l'ouvrier des champs à ses travaux habituels, sains et agréables, pour le transplanter dans les conditions malsaines, tristes et dangereuses d'un labeur abrutissant et monotone ; une doctrine qui le prive de l'indépendance de l'ouvrier agricole pouvant assurer presque tous ses besoins, et qui le soumet à l'entière servitude d'ouvrier fabriques vis-à-vis de son maître ne devrait avoir, semble-t-il, aucun succès dans les pays où les ouvriers vivent encore de la terre. Cependant, cette doctrine à la mode, connue sous le nom de socialisme, même en un pays comme la Russie, où 98% des travailleurs sont encore employés à l'agriculture, est acceptée volontiers par les 2% restants d'ouvriers qui sont détournés ou déshabitués du travail des champs.

La raison en est qu'en abandonnant l'agriculture, l'ouvrier se laisse entraîner par les séductions de la vie des villes et des fabriques. Et la justification de cet entraînement lui est donnée par la doctrine socialiste, qui considère la multiplication des besoins comme un indice de civilisation.

Dès que ces ouvriers ont appris quelques notions de la doctrine socialiste, ils les propagent avec zèle parmi leurs camarades et, grâce à cette propagande et aux besoins nouveaux qu'ils ont contractés, ils se tiennent pour des hommes avancés, bien supérieurs au grossier moujik, ouvrier des champs. Par bonheur, ces ouvriers de fabriques Sont encore peu nombreux en Russie, et l'énorme masse des travailleurs agricoles, ou ignore encore la doctrine socialiste, ou, si elle en a entendu parler, la considère comme quelque chose qui ne la touche point et n'a aucun rapport avec ses besoins réels.

Tous les moyens d'action des socialistes : syndicats, manifestations, élections de députés au Parlement, à l'aide desquels les ouvriers industriels cherchent à alléger la servilité de leur situation, ne présentent aucun intérêt pour les libres travailleurs des champs. Ceux-ci ne se soucient nullement de l'augmentation du salaire, de la diminution des heures de travail, d'une caisse commune, etc.; ils n'ont besoin que d'une chose : la terre. Or, partout ils en ont trop peu pour nourrir eux et leur famille. Et, sur cette unique chose qui leur est indispensable, la doctrine socialiste reste muette.

Léon Tolstoï

Chapitre III

Tous les ouvriers russes intelligents comprennent que la terre, la terre affranchie, peut seule améliorer leur sort et les délivrer de l'esclavage.

Voici ce qu'un paysan russe stundiste[1] écrit sur ce sujet à un ami :

« Si l'on entreprend une révolution qui laisse la terre demeurer *propriété privée*, il va de soi que ce sera une révolution inutile. Ainsi, nos frères qui vivent à l'étranger, en Roumanie, racontent qu'il y a une constitution, un parlement, mais que presque toute la terre est entre les mains des propriétaires fonciers. Quel avantage tire donc le peuple de ce parlement? On n'y voit, racontent-ils, que luttes entre partis, tandis que le peuple est cruellement opprimé et asservi par les propriétaires. Ceux-ci, sur leurs terres, ont construit des hameaux. D'ordinaire, ils donnent aux paysans la moitié du rendement de la terre, et en général pour une seule année. Si le paysan a bien labouré, l'année suivante le propriétaire ensemence lui-même le champ ainsi préparé et envoie le laboureur dans un autre endroit. Si le malheureux travaille plusieurs années chez le même propriétaire, il demeure quand même son débiteur. Le gouvernement, pour les impôts, lui enlève ses dernières ressources : cheval, vache, charrette, charrue, vêtements, lit, vaisselle, et tout est vendu presque pour rien. Alors, le pauvre paysan s'en va, suivi de sa famille affamée, chez un autre propriétaire qui lui semble plus humain. Celui-ci lui donne bœufs, charrue, graines, etc.; mais, au bout d'un certain temps, la même histoire se renouvelle. Alors, il va chez un troisième, et ainsi de suite. Pour ce qui est de la récolte, les propriétaires qui ont eux-mêmes ensemencé louent des ouvriers, mais le paiement n'a lieu que la moisson finie et peu de patrons paient les ouvriers; la plupart retiennent sinon le tout, du moins la moitié du salaire. Et pas de recours à la justice. Voilà votre constitution! Voilà votre parlement!

La terre est la première chose indispensable que le peuple devrait s'efforcer d'obtenir. Il me semble que les usines et les fabriques deviendront d'elles-mêmes la propriété des ouvriers quand les paysans posséderont la terre; ils y travailleront et vivront largement

---

1 Membre d'une secte religieuse rationaliste. (*Note du traducteur.*)

de ce travail, De ce fait, la plupart, renonçant à travailler dans les fabriques et les usines, la concurrence sera moindre pour les ouvriers. Leur salaire augmentera, ils pourront organiser leurs associations, leurs caisses, etc., et faire eux-mêmes concurrence aux patrons. Ces derniers, n'ayant alors plus de profit à détenir les fabriques, se mettront d'accord avec les ouvriers. La terre est donc le principal objet de la lutte. Et c'est là ce qu'il faut expliquer aux ouvriers. Si même ils obtiennent une augmentation de salaire, ce ne sera qu'une concession provisoire pour permettre aux esprits de se calmer. Puis, les conditions se modifieront de nouveau : au lieu d'un mécontent, il y en aura dix qui voudront prendre sa place, et comment alors pourront-ils réclamer l'augmentation des salaires? »

Si les renseignements communiqués dans cette lettre sur la situation en Roumanie ne sont pas absolument exacte et si, dans d'autres pays, les iniquités sont moins flagrantes, le fond de la question» c'est-à-dire que seul l'affranchissement de la terre peut améliorer le sort des ouvriers, est présenté dans cette lettre de la façon la plus claire.

Chapitre IV

« La terre, voilà l'objet principal de la lutte », écrit ce simple paysan. Et les doctes socialistes prétendent que ce sont les usines et les fabriques qui constituent le principal objectif de la lutte, tandis que la terre ne vient qu'ensuite. Selon la doctrine socialiste, pour se rendre possesseurs de la terre, les ouvriers doivent avant tout lutter contre les capitalistes pour la possession des usines et des fabriques, et c'est seulement quand ils s'en seront emparés qu'ils pourront s'emparer également de la terre. Les hommes ont besoin de la terre et on leur dit que, pour l'acquérir, il faut tout d'abord l'abandonner et ensuite, par un processus fort complexe prédit par les prophètes socialistes, l'acquérir de nouveau avec des fabriques et des usines qui leur seront totalement inutiles.

Cette nécessité pour le laboureur d'acquérir fabriques et usines, dont il n'a que faire, pour avoir ensuite la terre dont il a besoin; rappelle le procédé employé par certains usuriers, Par exemple, vous demandez à l'un d'eux 1.000 roubles : vous n'avez besoin que de cet argent, mais l'usurier Vous dit: « Je ne puis vous prêter cette trop petite somme de 1.000 roubles, mais empruntez-m'en 5.000 et pour 4.000 vous recevrez quelques centaines de pouds de savon, quelques coupons de soie et autres objets qui vous sont inutiles. À cette condition seulement je puis vous donner aussi les 1.000 roubles d'argent dont vous avez besoin.»

De même les socialistes, après avoir décidé à tort que la terre est un instrument de travail semblable à l'usine et la fabrique, ils proposent aux ouvriers, - qui souffrent du manque de terre, - de se désintéresser de la terre, de songer à s'emparer des fabriques, de canons, de fusils, de parfums, de savons, de miroirs, de rubans, d'objets de luxe de toutes sortes; et alors, quand ces ouvriers sauront produire bien et vite des miroirs et des rubans, mais seront devenus inhabiles à travailler la terre, ils s'empareront de celle-ci.

Chapitre V

Pour si étrange qu'il soit de voir un ouvrier qui a quitté la vie des vastes champs et des forêts se réjouir, dix ans après, parfois même au bout de plusieurs générations, de recevoir de son patron une maisonnette dans un endroit où l'air est vicié, avec un jardinet de six mètres carrés, où l'on ne peut faire venir qu'une dizaine de concombres et deux tournesols, cette joie n'est pas moins compréhensible. La possibilité de vivre sur la terre, de s'en nourrir par son travail a été et restera toujours une des principales conditions de vie indépendante et heureuse. Tous les hommes l'ont su et le savent, et c'est pourquoi ils ont toujours aspiré et aspireront toujours à quelque chose qui ressemble à cette vie, de même que le poisson recherche l'eau.

Or, la doctrine socialiste affirme que. pour être heureux, les hommes, n'ont nul besoin de cette vie au milieu des plantes et des animaux, avec la possibilité de trouver dans le travail agricole la satisfaction de presque tous leurs besoins; non, ce qui leur est nécessaire c'est la vie dans les centres industriels, où l'air est empesté, ce sont des besoins toujours croissants qu'ils ne peuvent satisfaire que par le travail insensé dans les fabriques, Et, ne connaissant que les séductions de la vie de fabrique, les ouvriers ajoutent foi à cette thèse; et appliquent toutes leurs forces à lutter misérablement contre les capitalistes pour une réduction des heures de travail ou une augmentation de quelques sous. Ils s'imaginent ainsi être au service d'une œuvre très importante, alors que la seule chose importante pour les ouvriers détachés de la terre serait de concentrer tous leurs efforts sur les moyens à trouver pour revenir à la vie de la nature, à la vie agricole.

« Mais, objectent les socialistes, si vraiment la vie au milieu de la nature valait mieux que la vie dans les fabriques, les ouvriers industriels sont aujourd'hui si nombreux, ils ont quitté depuis si longtemps la vie rurale, que leur retour serait déjà impossible. Impossible parce qu'un tel changement ne ferait que diminuer sans aucun besoin la quantité des produits de l'industrie qui font la richesse du pays. En outre, si cela n'était pas, il n'y aurait pas assez de terre disponible pour l'établissement et l'alimentation de tous les ouvriers de fabriques. »

L'affirmation que le retour des ouvriers à la vie rurale diminuerait la richesse du pays est inexacte, parce que la vie agricole ne saurait empêcher les ouvriers de participer à la production industrielle en y donnant une partie de leur temps, soit chez eux soit à la fabrique. Et si, comme conséquence de ce changement de vie, il y avait une diminution dans la quantité des objets inutiles et nuisibles qu'on produit avec une rapidité extraordinaire dans les grandes usines, s'il en résultait un arrêt; dans la surproduction, devenue habituelle, de ces objets inutiles, quand par contre augmenterait la quantité des céréales, des fruits, des animaux domestiques, alors, il y aurait, non pas diminution, mais accroissement de la richesse commune.

L'argument qu'on tire de l'insuffisance de la terre pour y installer et alimenter tous les ouvriers, n'est pas plus fondé. En effet, dans la plupart des pays, - sans parler de la Russie où les terrains appartenant à de gros propriétaires suffiraient pour les besoins de tous les ouvriers de toute la Russie, voire de toute l'Europe, - même dans les pays tels que l'Angleterre, la Belgique, les terres détenues par les grands propriétaires suffiraient à nourrir tous les travailleurs si la culture était amenée au degré de perfection qu'elle peut atteindre grâce aux progrès actuels de la technique ou seulement jusqu'au degré auquel elle parvint il y a des milliers d'années en Chine.

Léon Tolstoï

Que ceux qui s'intéressent à cette question lisent le livre de Kropotkine : *La conquête du pain*; l'ouvrage anglais : *Fields, Factories and Workshops*, ou un très bon livre Popov, édité par le « Posrednik » : *Le champ de blé*, et ils verront qu'une terre bien cultivée peut produire plusieurs fois plus qu'aujourd'hui, c'est-à-dire que la même étendue de terrain peut nourrir un nombre plusieurs fois plus grand d'hommes. Et les petits agriculteurs ne demanderaient certes pas mieux que d'employer les procédés de culture perfectionnés, s'ils n'étaient forcés, comme actuellement, d'abandonner tous leurs revenus aux gros propriétaires qui leur louent la terre et n'ont nul besoin d'augmenter la production d'un sol dont, sans le moindre souci, ils tirent d'énormes bénéfices.

Comme il n'y aurait pas assez de terre libre pour tous les ouvriers, - affirme-t-on, - il est inutile de leur faire occuper celle qui est détenue par les propriétaires.

Ce raisonnement ressemble à celui que tiendrait le propriétaire d'une maison devant l'affluence d'homme stationnant, sous la tempête et au milieu du froid, à la porte de cette demeure inoccupée, et demandant un asile : « Il ne faut pas laisser ces hommes dans la maison, parce qu'il est douteux de s'y loger tous. » Laissez entrer ceux qui le demandent et, quand ils y seront installés, on verra bien si tous, ou du moins une partie, peuvent y tenir. Et si tous ne peuvent s'y loger, pourquoi ne pas laisser entrer ceux qui y trouveront place?

Il en est de même de la terre. Laissez-là, elle dont on a frustré les ouvriers, à ceux qui la réclament; on verra après s'il y en a assez pour tous ou non.

Le motif invoqué du manque de terre pour les ouvriers actuellement occupés dans les fabriques est, d'ailleurs, mal fondé par essence. Si ces ouvriers se nourrissent aujourd'hui du pain qu'ils achètent, il n'y a pas de raison pour qu'au lieu d'acheter ce pain produit par les autres, ils ne labourent eux-mêmes cette terre qui le leur donnera, qu'elle soit aux Indes, en Amérique, en Australie, en Sibérie.

Ainsi tous les arguments tendant à démontrer que les ouvriers de fabriques ne doivent et ne peuvent retourner à la terre n'ont

Chapitre V

aucun fondement. Il est bien évident, au contraire, que ce retour, loin de nuire au bien-être général, l'augmenterait et supprimerait ces famines chroniques aux Indes, en Russie et ailleurs, qui sont la preuve certaine de la mauvaise répartition du sol à l'heure actuelle.

Partout, il est vrai, où l'industrie est particulièrement développée, comme en terre, en Belgique, dans quelques États de l'Amérique du Nord, la vie des ouvriers est à ce point anormal que leur retour à la terre est devenu malaisé. Mais cette difficulté ne rend pas la réalisation de de changement impossible. Pour qu'il se produise, il est indispensable avant tout que les ouvriers en comprennent la nécessité pour leur plus grand bien, qu'ils cherchent les moyens de le réaliser et qu'ils n'acceptent pas (ainsi que l'enseigne la doctrine socialiste) leur esclavage industriel comme immuable, susceptible d'être amélioré, mais ne pouvant disparaître.

Ainsi, les ouvriers qui ont déjà abandonné la terre pour la fabrique ne sauraient eux-mêmes rien espérer des syndicats, associations, grèves, promenades enfantines du 1er Mai avec drapeau déployé, etc.; ce qui leur est nécessaire, c'est de chercher les moyens de s'affranchir de l'esclavage des fabriques et de revenir à la vie des champs. Or, ce qui s'y oppose le plus, c'est l'accaparement de la terre par les propriétaires qui ne la travaillent pas. C'est elle que les travailleurs devraient réclamer, exiger de leurs gouvernants; et en l'exigeant, ils revendiqueraient d'ailleurs un bien qui leur appartient, le droit absolu, essentiel, propre à chaque animal : celui de vivre sur la terre et de s'en nourrir, sans avoir à en demander à quiconque la permission. Dans les parlements, les députés des ouvriers devraient lutter pour cette seule cause; la presse qui défend les ouvriers devrait la soutenir, et les ouvriers des fabriques devraient eux-mêmes se préparer à ce changement.

C'est l'objectif des travailleurs qui ont abandonné la terre. Quant aux Russes, dont la majorité, 98%, vivent du travail agricole, la question se réduit simplement à ceci : comment pourraient-ils améliorer leur situation sans quitter la terre, tout en évitant les tentations de la vie de fabrique qui les attire? Eh bien, il suffirait de donner aux ouvriers la terre qui est aujourd'hui accaparée par les gros propriétaires.

En effet, posez, au premier paysan russe venu, ou à un ouvrier

Léon Tolstoï

de la ville, la question pour savoir pourquoi il ne vit pas bien. La réponse sera invariable : il n'y a pas de terre, il n'y a pas de quoi travailler.

Et c'est chez nous, en Russie, où le peuple entier se lamente continuellement sur le manque de terre, que les hommes croyant servir sa cause préconisent, non les moyens de recouvrer les terres spoliées, mais celui de lutter dans les fabriquas contre les capitalistes.

Mais faut-il donc que tous les hommes vivent dans les campagnes et s'adonnent à l'agriculture? demandent ceux qui tellement accoutumés à la vie artificielle de nos jours que cela leur paraît étrange et impossible.

Et pourquoi tous les hommes ne vivraient-ils pas aux champs et ne travailleraient-ils pas la terre? Mais si même il se trouvait des gens ayant le goût bizarre de préférer à la vie de campagne l'esclavage de la fabrique, rien ne les en empêcherait. Il s'agit seulement de fournir à chacun la possibilité de vivre en homme. Sachant qu'il est à désirer que chacun puisse avoir une famille, nous ne disons pas que tout homme doit se marier et avoir des enfants, mais seulement que la société est mal organisée si elle ne lui donne pas cette possibilité.

Chapitre VI

Déjà, au temps du servage, les paysans disaient à leurs maîtres : « Nous sommes vôtres, mais la terre est nôtre »; c'est-à-dire que, malgré toute l'injustice et la cruauté de la possession d'un homme par un autre, ils trouvaient plus injuste et plus cruel encore qu'un homme eût le droit de posséder la terre, alors qu'il ne la travaillait pas. Depuis quelque temps, il est vrai, certains paysans russes commencent à imiter les propriétaires fonciers, à acheter des terres, à les vendre, reconnaissant ainsi comme légitime la possession de la terre et ne craignant plus qu'on la leur enlève. Mais seuls quelques hommes légers et aveuglés par le lucre agissent ainsi. La majorité, c'est-à-dire tous les vrais agriculteurs, est convaincue que la terre ne peut ni ne doit être la propriété de ceux qui ne la travaillent pas, et que si ces derniers l'ont prise aux travailleurs, un temps viendra où elle sera reprise à ses détenteurs actuels pour redevenir ce qu'elle doit être, le bien commun. Les paysans russes ont parfaitement raison de croire que cela doit être et sera bientôt ainsi. Le temps est venu où la possession de la terre par ceux qui ne la travaillent pas apparaît aussi injuste, stupide et cruelle que le paraissait le servage il y a cinquante ans. Soit parce que les autres moyens d'asservissement ont disparu, soit parce que le nombre des hommes a augmenté, ou qu'ils sont devenus plus éclairés, tous ceux qui possèdent des terres, comme ceux qui en sont privés, voient déjà clairement aujourd'hui ce qu'ils ne voyaient pas jusqu'alors : ils voient que le paysan qui à peiné toute sa vie manque de pain, parce qu'il n'a pas de champ à ensemencer, de lait pour ses enfants et ses vieillards, parce qu'il n'a pas de pâturages, de bois pour réparer sa chaumière vermoulue ou pour se chauffer, alors qu'à côté de lui le propriétaire foncier vit sans travailler dans son vaste domaine, nourrit des petits chiens avec du lait, construit des pavillons, des écuries ornées de vitraux coûteux, fait élever des brebis sur des dizaines de mille de déciatines, plante des parcs, et des forêts, mange et boit en une semaine de quoi nourrir une année le village voisin qui meurt de faim; et ils s'aperçoivent qu'un tel état de choses ne saurait se perpétuer. L'injustice, l'insanité, la cruauté de cette situation crèvent à présent les yeux de tous, comme il fut autrefois du servage. Et puisque les hommes comprennent l'injustice, l'insanité et la cruauté de cet état de choses, il est fatal que celui-ci doive disparaître d'une façon ou d'une autre. Ainsi prit fin le servage, ainsi, prendra fin, et bientôt, la propriété foncière.

Chapitre VII

La propriété foncière doit fatalement disparaître parce que son injustice, sa stupidité et sa cruauté, sont devenues trop flagrantes. Reste à savoir comment elle sera abolie. Le servage et l'esclavage, non seulement en Russie, mais dans tous les payé, ont été supprimés par un décret des autorités. Ne semblerait-il pas qu'un décret identique pût annuler l'institution de la propriété foncière? Mais il est douteux qu'un gouvernement rende jamais pareil décret.

Tous les gouvernants vivent du travail d'autrui, et la propriété foncière concourt à cet état des choses mieux que toute autre.

Léon Tolstoï

Non seulement les propriétaires n'admettront jamais la disparition de la propriété foncière, mais les hommes, qui ne participent pas directement au gouvernement ni ne se livrent à l'agriculture : les fonctionnaires, les artistes, les savants, les marchands, tous ceux qui sont au service des riches sentent instinctivement que leur situation avantageuse est liée à la propriété foncière et, ou ils la défendent, ou ils attaquent toute autre institution de moindre importance, sans jamais toucher à celle-là.

Un remarquable exemple de cette attitude chez les membres des classés privilégiées est fourni par le changement qui se fit dans les opinions du célèbre Herbert Spencer sur la propriété foncière. Tant que Herbert Spencer fût un jeune homme n'ayant pas de liens avec les riches et les dirigeants, il envisagea la question de la propriété foncière comme peut le faite toute personne sans idées préconçues : il la combattit avec énergie, en démontrant son injustice. Des dizaines d'années se passèrent. Herbert Spencer devint l'écrivain célèbre qui se créa des relations parmi les gouvernants et les riches propriétaires, et ses opinions sur la propriété foncière se modifièrent à tel point qu'il essaya de détruire toutes les éditions où il avait exprimé sur son illégitimité, avec beaucoup de force et de clarté, des idées justes.

La plupart des hommes aisés sentent donc, du moins instinctivement, que leur situation avantageuse dépend du maintien de la propriété foncière. Il en résulte que les parlements, dans leurs prétendus soins pour le bien du peuple, proposent, discutent et acceptent les mesures les plus diverses devant améliorer la situation du peuple, mais ne songent pas à la seule qui l'améliorerait réellement, qui lui est indispensable : l'abolition de la propriété foncière.

Ainsi pour résoudre cette question, il est nécessaire avant tout de réagir contre la conspiration du silence qui l'entoure. Par ce moyen, on pourrait atteindre le résultat voulu dans les pays où une partie du pouvoir appartient au Parlement. Mais en Russie, où le pouvoir absolu est entre les mains du tsar, le décret d'abolition de la propriété foncière est moins possible encore. En effet, le pouvoir n'appartient que nominalement au tsar; en réalité, il est entre les mains de centaines d'hommes pris au hasard parmi ses parents et ses amis, qui lui font faire ce que bon leur semble. Or, ces hommes, possédant eux-mêmes de vastes domaines, ne laisseront jamais le

Chapitre VII

tsar, le voulut-il, enlever la terre à ceux qui la détiennent.

Malgré toutes les difficultés éprouvées par le tsar, qui affranchit les paysans pour forcer son entourage à consentir à l'abolition du servage, il a pu le faire parce que ses proches conservaient la terre. Tandis qu'en renonçant à la propriété foncière, les amis et parents du souverain savent parfaitement qu'ils se priveraient de la dernière possibilité de vivre comme ils en ont l'habitude. Aussi est-il absolument illusoire d'attendre du gouvernement en général et, en Russie, du tsar, l'affranchissement de la terre.

Il est impossible de prendre par la force la terre détenue par les propriétaires, parce que la force a toujours été et sera toujours du côté de ceux qui sont au pouvoir. Il est également insensé de croire que la libération de la terre peut se réaliser par les moyens que préconisent les socialistes : changer les conditions d'une vie bonne pour la pire des existences. Un moineau à la main vaut mieux que la grue qui vole.

Tout homme réfléchi comprend que non seulement ce moyen ne libère point les ouvriers, mais les rend au contraire de plus en plus esclaves de leurs maîtres et les prépare à l'esclavage envers les conducteurs de l'organisation sociale future.

Il est plus insensé encore d'attendre l'abolition de la propriété foncière du gouvernement représentatif ou du tsar, comme les paysans russes l'attendent depuis deux règnes, parce que l'entourage du tsar et lui-même possèdent d'immenses terrains. Bien qu'ils feignent toujours d'être soucieux du bonheur des paysans, ils ne leur donneront jamais l'unique chose qui leur est nécessaire : la terre, parce qu'ils savent que, privés d'elle, ils perdront leur situation avantageuse d'oisifs profitant du travail du peuple.

Que doivent donc faire les travailleurs pour se dégager du joug qui pèse sur eux?

Chapitre VIII

Il semble au premier abord qu'il n'y ait rien à faire et que les travailleurs soient si bien enchaînés qu'aucune possibilité ne leur reste de se délivrer, Mais il n'y a là qu'une apparence. Il suffirait aux ouvriers de réfléchir aux causes de leur asservirent pour voir que, en dehors de toute révolte, les procédés préconisés par les socialistes; sans vains espoirs en l'aide du gouvernement, ou en celle du tsar en Russie, ils ont un moyen d'affranchissement que ni personne ni rien ne peut leur ôter, et qui a toujours été et est encore à leur portée.

En effet, la seule cause de leur situation malheureuse, est dans le fait que la terre qui leur est nécessaire est détenue par les propriétaires.

Or, qu'est-ce qui permet à ceux-ci de la posséder?

D'abord, au cas où les ouvriers tenteraient de reprendre la terre, on enverrait contre eux des troupes qui les chasseraient, les tueraient, les égorgeraient et restitueraient la terre aux propriétaires. Ainsi, les troupes étant composées d'ouvriers comme vous, c'est vous-mêmes, ouvriers, en vous enrôlant dans l'armée et en obéissant aux autorités militaires, qui assurez aux maîtres la possession du sol qui devrait vous appartenir. (Quant à la question de l'impossibilité pour le chrétien d'être soldat, c'est-à-dire de s'engager à tuer son semblable et de son devoir de refuser l'emploi des armes, je l'ai traitée maintes fois et en particulier dans l'opuscule : Manuel du soldat, où je me suis efforcé de montrer, en me basant sur l'Évangile, pourquoi tout chrétien doit agir ainsi).[1]

Mais par votre entrée dans l'armée, vous ne donnez pas seulement la possibilité de détenir la terre qui appartient à tous les hommes, donc à vous également, vous leur donnez encore en travaillant et en affermant leurs terres. Il vous suffirait, à vous ouvriers, de cesser d'agir ainsi, pour que la possession du sol devienne pour eux non seulement inutile, mais impossible, et que leurs terres redeviennent par là même propriété commune. Malgré tous les soins qu'ils apportent à remplacer les ouvriers par des machines, à substituer l'élevage et la sylviculture au labourage, ils ne pourraient quand même se passer d'ouvriers, et les uns après les autres, volontairement ou non, ils renonceraient à leurs terres. Ainsi, dès que vous avez compris que la possession de la terre est un crime, le seul moyen de vous libérer, vous, ouvriers, c'est, de ne participer à l'oppression, ni comme soldats qui prêtent main-forte pour enlever la terre aux travailleurs ni comme laboureurs ou fermiers des

---

1 Voir *Appels aux dirigeants*. (Fasquelle, éditeur).

Chapitre VIII

terrains des propriétaires.

Chapitre IX

« Mais, dira-t-on, ce moyen qui consiste à refuser le service militaire, le travail ou l'affermage des champs des propriétaires fonciers, ne serait efficace que si les travailleurs de tous les pays se mettaient en grève, ne s'enrôlaient pas dans l'armée, ne travaillaient ni n'affermaient les terrains des autres. Or, cela n'est pas et ne saurait se produire. Si même une partie des ouvriers consentait à refuser le service militaire ainsi que le travail et l'affermage, des terres, le reste des ouvriers, ou ceux des autres nationalités, pourraient ne pas trouver nécessaire une telle abstention, et la possession de la terre demeurerait assurée comme par le passé à ses détenteurs actuels. De sorte que les ouvriers qui renonceraient aux terres qu'ils possèdent eux-mêmes, se priveraient en vain de leurs propres avantages sans améliorer la situation de tous.

Cette objection serait fondée s'il s'agissait d'une sorte de grève générale, Mais ce n'est pas la grève que je propose; c'est simplement ceci : les ouvriers auraient à refuser la participation à la forcé armée qui exerce la violence sur leurs frères, au travail et à l'affermage des terres des propriétaires, non parce que c'est désavantageux pour les travailleurs et entraîne leur asservissement, mais parce que cette participation est une mauvaise action dont chaque homme doit s'abstenir, ainsi qu'il doit s'abstenir non seulement de commettre le meurtre, le vol, le pillage, etc., mais même d'y prendre part. Et il n'est pas douteux que si les ouvriers veulent réfléchir à toute l'importance que leur participation donne à la propriété foncière de non-travailleurs, ils n'hésiteront pas un instant à reconnaître que c'est là une œuvre mauvaise.

Protéger la propriété foncière, c'est être cause des privations et des souffrances de millions d'êtres, de ceux qui sont mal nourris et travaillent jusqu'à l'épuisement de leurs forcés, des vieillards et des enfants qui meurent avant l'heure, uniquement parce qu'il leur manque la terre qui est monopolisée par d'autres,

Si les conséquences de la propriété foncière sont telles, - et on ne saurait les nier, - il est évident qu'adhérer à cette institution,

Léon Tolstoï

soit comme propriétaire, soit comme son gardien, est une mauvaise action dont tous doivent s'abstenir. Des centaines de millions d'hommes, sans se mettre en grève, considèrent comme mauvais : l'usure, la débauche, la violence contre les faibles, le vol, l'assassinat, etc. et s'abstiennent de tels actes. Les ouvriers devraient observer la même attitude dans la question de la propriété foncière. Ils voient eux-mêmes combien cette institution est illégitime, pernicieuse, cruelle. Alors, pourquoi y participer, ou seulement la soutenir?

Chapitre X

Ainsi je ne propose pas une grève. Je veux seulement qu'on ait conscience du crime, du péché qu'on commet en possédant la terre comme un bien exclusif, et qu'en ayant conscience, on s'en abstienne. Il est vrai que cette abstention ne réunit pas comme une grève, d'un seul, coup, tous les hommes intéressés à la même solution de la question, et par suite ne peut donner, comme une grève couronnée de succès, un résultat marqué à l'avance. Mais en revanche, cette abstention créé une union beaucoup plus solide et plus durable. L'union artificielle des hommes, au moment de la grève cesse dès que le but est atteint, tandis que l'union pour une activité régulière ou pour une abstention née de la conscience d'un même devoir, non seulement ne cesse jamais, mais s'affermit de plus en plus en attirant à soi un nombre d'hommes toujours croissant. C'est ce qui pourrait et devrait être si les ouvriers s'abstenaient de participer à la propriété foncière, non pas en recourant à la grève, mais en ayant conscience que c'est un péché d'y participer. Quand les ouvriers comprendront combien cette possession est illégitime, il est fort probable que tous, ou du moins un certain nombre d'entre eux, s'abstiendront de travailler ou d'affermer les terres des propriétaires; toutefois, comme ils s'abstiendront, non par consentement mutuel, - d'importance locale et temporaire, - mais par la conscience de ce qui est également et toujours obligatoire pour tous les hommes, il arrivera naturellement que le nombre des ouvriers édifiés par la parole et par l'acte sur l'illégitimité de la propriété foncière et sur ses conséquences, augmentera sans cesse.

Certes, on ne saurait prévoir le changement que subira la société quand les ouvriers comprendront que la propriété foncière est une institution mauvaise; en tout cas ce changement peut amener le résultat suivant: même si une partie seulement des ouvriers refuse de travailler chez les propriétaires ou de louer leurs terres, ceux-ci, ne trouvant plus de profit à les posséder, prendront avec les ouvriers des arrangements avantageux pour ces derniers, ou renonceront complètement la propriété foncière. Il peut arriver aussi que les ouvriers incorporés dans l'armée, ayant compris l'illégitimité de la propriété foncière, refusent de plus en plus souvent de marcher contre leurs frères les ouvriers des champs, et le gouvernement sera forcé de renoncer à défendre le monopole de la terre, qui redeviendra libre.

Enfin, il peut arriver que le gouvernement, comprenant que l'affranchissement de la terre est inévitable, juge nécessaire de prévenir la victoire des travailleurs et, feignant d'en prendre l'initiative, supprime par une loi la propriété foncière.

Les changements qui peuvent et doivent se produire grâce à la conscience de ce qu'a d'illégitime la possession exclusive de la terre, peuvent être très divers, et il est difficile de préciser ce qu'ils seront. Mais il est certain qu'un effort sincère d'un seul homme pour agir dans ce cas selon Dieu et sa conscience ne sera pas perdu en vain.

« Que ferai-je seul contre tous? » demandons-nous souvent lorsque nous sommes obligés d'agir contrairement à ce qui est admis par la majorité. Il nous semble que pour réussir dans notre œuvre, *tous*, ou du moins *plusieurs*, doivent y participer. Mais il n'est nécessaire d'être plusieurs que pour une mauvaise action. Pour une bonne, il suffit d'être seul, car Dieu est toujours avec celui qui agit bien, Et, tôt ou tard, tous seront avec celui qui est avec Dieu.

En tout cas, le sort des ouvriers ne pourra s'améliorer que lorsqu'eux-mêmes agiront davantage selon la volonté de Dieu, davantage selon leur conscience c'est-à-dire plus moralement qu'auparavant.

Chapitre XI

Les travailleurs ont tenté de s'affranchir en recourant à la violence,

Léon Tolstoï

à la révolte, et ils n'ont pas atteint leur but. Ils ont tenté et tentent encore de s'affranchir en employant les procédés socialistes : syndicats, grèves, manifestations, élections dans les parlements, et qui, au mieux aller, allègent provisoirement leur travail forcé de serfs, mais loin de les délivrer, ne font que consolider leur esclavage.

Les ouvriers ont essayé et essaient de s'affranchir individuellement en conservant la propriété foncière qui est injuste, qu'ils condamnent eux-mêmes; et si par hasard la situation de quelques-uns s'améliore momentanément, leur participation à une œuvre mauvaise aggrave la situation de tous. Seule l'action conforme à la règle : Agis envers les autres comme tu veux que les autres agissent envers toi, peut améliorer d'une façon réelle la situation des hommes, et non l'action isolée d'un individu, mais celle de toute l'humanité. Or, les trois moyens employés jusqu'ici par les travailleurs n'étaient pas conformes à ce précepte.

La révolte, c'est-à-dire l'emploi de la violence contre ceux qui considèrent comme leur propriété les terres qu'ils ont reçues en héritage ou achetées de leurs économies n'est pas un moyen conforme à la règle de faire aux autres ce qu'on veut qu'ils nous fassent. En effet, pas un de ceux qui prennent part à la révolte ne voudrait qu'on lui enlevât ce qu'il considère comme lui appartenant, d'autant plus que cette conquête est accompagnée d'ordinaire des plus cruelles violences.

L'action socialiste n'est pas moins en désaccord avec ce précepte : d'abord parce posant pour principe la lutte entre les classes, elle excite chez les ouvriers contre les maîtres, en général contre quiconque n'est pas ouvrier, des sentiments si hostiles que ces derniers ne voudraient jamais être exposés à ces inimitiés à leur tour; ensuite parce que, lors des grèves, ils sont souvent amenés, pour le succès de leur cause, à la nécessité d'user de violence contre leurs camarades, compatriotes ou étrangers, qui veulent prendre leur place.

Ainsi, cette doctrine, qui promet aux ouvriers la possession dans l'avenir, de tous les instruments de travail, des fabriques et des usines, n'est pas seulement en désaccord avec le précepte chrétien; elle est, de plus, immorale. Chaque fabrique est le résultat du travail de nombreux ouvriers; pas seulement de ceux qui ont aménagé l'usine, préparé les matériaux pour sa construction, et qui l'ont construite, mais encore de quantité d'ouvriers intellectuels ou manœuvres des générations passées, sans le travail desquels aucune fabrique ne saurait exister. Il est impossible de calculer la part prise par tous les hommes à son édification et à son développement; c'est pourquoi, suivant la doctrine des socialistes eux-mêmes, toute usine est, comme la terre, un bien commun à tous. La différence entre la propriété industrielle et la propriété foncière est que celle-ci peut être immédiatement abolie, sans attendre la nationalisation de tous les instruments de travail, tandis que la fabrique ne peut devenir le bien légal du peuple tant que ne sera pas réalisée la fantaisie irréalisable des socialistes : la possession collective de tous, absolument de tous les instruments de travail, et non pas, comme le suppose la majorité des ouvriers socialistes, quand ils prendront les fabriques aux maîtres pour se les approprier, Le patron n'a aucun droit de posséder la fabrique, mais de même les ouvriers n'ont pas plus de droits sur n'importe quelle fabrique tant que ne se réalisera pas l'irréalisable socialisation de tous les instruments de travail.

C'est pourquoi je dis que la doctrine qui promet aux ouvriers la possession des fabriques où ils travaillent avant la socialisation de tous les instruments de travail, comme on le suppose habituellement, est non seulement une doctrine contraire au précepte d'or: Fais aux autres ce que tu veux qu'ils te fassent, mais une doctrine franchement immorale.

De même le maintien par les ouvriers de la propriété foncière, soit par la violence, grâce à la force armée, soit par le travail et la location de la terre, est en désaccord avec le précepte. Et ce désaccord existe parce que, si de tels actes améliorent momentanément la situation de ceux qui les commettent, ils aggravent celle des autres ouvriers.

Ainsi, tous les moyens employés jusqu'ici par les ouvriers pour s'affranchir, - la violence directe, ou l'action socialiste, - de même que l'action individuelle de ceux qui, pour leur avantage, maintiennent l'institution illégitime de la propriété foncière, n'ont pas atteint leur but, parce que tous étaient en désaccord avec ce précepte fondamental de la morale : Fais aux autres ce que tu veux qu'ils te fassent.

Léon Tolstoï

Les ouvriers seront donc affranchis de leur esclavage, non pas tant par l'intervention active que par l'abstention car elle est juste morale, c'est-à-dire conforme à la volonté de Dieu.

Chapitre XII

« Et la misère? objectera-t-on. Si convaincu que l'homme soit de l'illégitimité de la propriété foncière, il lui est difficile; soldat, de refuser d'aller où on l'envoie; cultivateur, de ne pas travailler pour les propriétaires si ce travail peut donner du lait à ses enfants affamés; paysan, de ne pas affermer la terre du propriétaire quand lui-même n'a qu'une demi-déciatine par âme et qu'il sait lui être impossible de nourrir sa famille avec le peu de terre qu'il possède. »

C'est vrai, tout cela est fort difficile. Mais la même difficulté réside dans toute abstention d'un acte mauvais, et cependant la plupart des hommes s'abstiennent des actes mauvais. Or, dans les cas énumérés, l'abstention est moins difficile que dans la plupart des actions reconnues comme mauvaises, tandis que le mal résultant de la participation à l'accaparement de la terre, est plus évident que bien des maux que les hommes évitent de commettre. Je ne parle pas du refus de participer à la force armée quand elle est envoyée contre les paysans. Il est vrai que ce refus exige un courage particulier et le sacrifice de soi-même, ce dont tous ne sont pas capables; mais aussi le cas se présente rarement. Mais pour ne pas travailler ni affermer les terres des propriétaires, il faut beaucoup moins d'efforts et de sacrifices. Si seulement tous les ouvriers comprenaient bien que travailler pour les autres est une mauvaise action, les hommes qui labourent les champs des propriétaires deviendraient de moins en moins nombreux.

Il y a bien des millions de personnes qui assurent leur existence sans labourer les terres des autres, en s'occupant, à la maison ou au dehors, à des travaux les plus variés. Ces centaines de mille, ces millions de paysans qui, malgré la difficulté d'une telle résolution, quittent leurs vieilles demeures et s'en vont en de nouveaux endroits où ils reçoivent des terrains en quantité suffisante et les travaillent, n'ont pas besoin, eux, d'affermer les propriétés des autres; il en est beaucoup qui, non seulement ne souffrent pas de la pauvreté, mais qui s'enrichissent et oublient bientôt la misère qui les a chassés. De même les paysans, bons cultivateurs, qui possèdent de petits terrains et vivent sobrement en soignant bien leurs champs, n'ont pas besoin pour vivre de travailler pour les propriétaires ou de louer leurs terres. Il y a aussi des milliers d'hommes qui évitent de servir les propriétaires fonciers et vivent de la vie chrétienne, c'est-à-dire, non pas chacun pour soi, mais en s'aidant les uns les autres, comme par exemple, en Russie, beaucoup de communautés chrétiennes, dont les Doukhobors, que je connais particulièrement.

La misère ne peut exister que dans une société où les hommes vivent selon la loi animale de la lutte des uns contre les autres. Dans une société chrétienne, la misère doit être inconnue. Dès que les hommes partagent entre eux ce qu'ils ont, il y a toujours assez pour tous de ce qui est nécessaire, et même il reste du surplus.

Comme le peuple qui écoutait les sermons du Christ avait faim, le Christ, sachant que quelques-uns avaient des réserve, ordonna à tous de s'asseoir en cercle, et dit à ceux qui avaient des réservés de les passer à leurs voisins, et à ceux-ci, une fois rassasiés, de passer le reste aux autres. Quand ils eurent fait tout le tour, tous étaient rassasiés et il y avait beaucoup de restes.

Une communauté qui agirait ainsi, ne connaîtrait point de misère, et les hommes n'auraient nul besoin de travailler ni de louer les terres des propriétaires. De sorte que la misère n'est pas toujours un prétexte suffisant pour que les hommes fassent ce qui nuit à leurs frères.

Si les cultivateurs se louent ou louent la terre des autres, c'est que tous ne comprennent pas encore le péché de tels actes, ni le mal qu'ils font à eux-mêmes et à leurs frères.

Plus les hommes qui comprendront la portée de leur participation à la propriété foncière seront nombreux, et plus tôt disparaîtra, et automatiquement, la domination des oisifs sur les travailleurs.

Chapitre XIII

L'unique moyen, indéniable et certain, d'améliorer le sort des travailleurs, et qui est en même temps d'accord avec la volonté divine, consiste dans la libération de la terre accaparée par ses détenteurs. Et on peut y atteindre, - outre le refus des ouvriers de faire partie de la force armée dirigée contre les travailleurs, - en s'abstenant de travailler et d'affermer les terres d'autrui; Mais il ne vous suffit pas, à vous, ouvriers, de savoir que votre bien exige l'affranchissement de la terre, et que ce but est atteint lorsque vous vous abstenez de toute violence envers votre frère, et de travailler le sol d'autrui; il vous faut encore savoir quel emploi vous devez faire de la terre libérée et comment la répartir entre les travailleurs.

La majorité d'entre vous pense habituellement qu'il s'agit seulement de reprendre la terre à ceux qui ne travaillent pas et qu'alors tout ira bien. Erreur. C'est facile à dire; reprendre la terre à ceux qui ne travaillent pas, et la donnera ceux qui travaillent. Mais comment le faire pour ne pas violer la justice et ne pas donner aux riches la possibilité de racheter de grands terrains et, par ce moyen, de dominer encore les ouvriers? Laisser, comme le pensent quelques-uns d'entre vous, à chaque ouvrier le droit de faucher, de labourer où il veut, comme cela se passait anciennement, et aujourd'hui chez les Cosaques? Mais cela n'est possible que là où la population est peu nombreuse et où il existe beaucoup de terre de même qualité. Tandis que là où il y a plus de monde que n'en peut nourrir la terre et où celle-ci est de diverses qualités, il faut chercher d'autres moyens, de l'utiliser. La partager suivant le nombre d'âmes? Alors, la terre peut tomber entre les mains de ceux qui ne sauront pas la travailler, la loueront ou la vendront à de riches intermédiaires, si bien que de nouveau apparaîtront des possesseurs de grandes étendues et qui ne travailleront pas. Défendre à ceux qui ne la cultivent pas de la louer ou de la vendre? Alors, la terre qui appartiendra à celui qui ne voudra ou ne pourra la travailler sera sans emploi. Enfin, le partage des terres présente une autre difficulté: comment faire pour que les lots soient de même qualité? Il y a des terres noires très fertiles, des terres sablonneuses, marécageuses, stériles; il est des terrains qui dans les villes, rapportent plus de mille roubles par déciatine et d'autres qui, dans des endroits reculés, ne rapportent rien. Comment donc répartir les terres de façon qu'elles ne, retombent pas en la possession de ceux qui ne travaillent pas, et qu'il n'y ait pas de mécontents, de querelles et de dissensions?

Chapitre XIII

Depuis longtemps les hommes cherchent à résoudre cette question et nombreux ont été les projets proposés pour répartir équitablement la terre entre les travailleurs.

Sans parler des projets dits communistes, comportant une organisation sociale où la, terre serait considérée comme un bien commun et cultivée par tous en commun, je connais encore les suivants :

Le projet d'un Anglais, William Ogilvie, qui vivait au XVIIIe siècle. Il dit : « Puisque chaque homme, en naissant sur la terre, acquiert par cela même le droit indiscutable d'y vivre et de se nourrir de ce qu'elle produit, ce droit ne saurait être limité par ce fait que certains considèrent comme leur propriété de grandes étendues de terre. C'est pourquoi chacun doit avoir la franchise de posséder la quantité de terre qui assure son existence. Et si quelqu'un possède plus de terre qu'il n'en a besoin et exploite les terrains auxquels il n'a pas droit, il est obligé d'en payer un impôt à l'État. »

Quelques années plus tard, un autre Anglais, Thomas Spense, résolvait la question foncière en déclarant la terre propriété des communes, et la propriété privée se trouvait par cela même entièrement abolie.

Pour illustrer l'idée de Spense sur la propriété foncière, je reproduirai le récit de ce qui lui arriva en 1788, à Helton Bridge, et qu'il appelle « La farce en forêt. »

« Un jour, comme je cueillais des noisettes dans la forêt, surgit d'un buisson, un homme qui me demanda ce que je faisais là. Je lui répondis :

- Je cueille des noisettes.

- Vous cueillez des noisettes? Et vous osez le dire?

- Pourquoi pas? demandai-je. Doutez-vous du droit du singe ou de l'écureuil à cueillir des noisettes? Suis-je donc inférieur à ces êtres et n'ai-je pas le même droit qu'eux? Et vous, qui êtes-vous, et en vertu de quel droit vous permettez-vous de m'en empêcher?

- Vous saurez qui je suis quand je vous aurai fait arrêter pour avoir violé le droit d'autrui.

- En voilà une histoire! Mais comment puis-je violer le droit d'autrui là où personne n'a rien planté ni cultivé? Les noisettes sont un don spontané de la nature aux nommes et aux animaux qui voudront en profiter pour l'entretien de leur vie. Aussi sont-elles un bien commun.

- Et moi, je vous dis que cette forêt n'est pas propriété commune, mais qu'elle appartient au duc de Portland.

- Ah bah! Alors, transmettez mes respects au duc. Mais puisque la nature ne nous connaît, ni moi ni lui, et qu'il n'y a pour ses produits qu'une règle : le premier arrivant se sert le premier, dites au duc que s'il désire des noisettes, il n'a qu'à se hâter. »

Et Spense conclut que si on voulait le forcer à défendre un pays où il n'a pas le droit de cueillir des noisettes, il jetterait son fusil et dirait : « Si le duc de Portland considère que la terre est à lui, qu'il se batte donc pour elle ».

Thomas Paine, le célèbre auteur de Age of Reason et de Rights of Man résout le problème de la même façon. Sa solution à ceci de particulier que, déclarant la terre propriété commune, il proposer d'abolir la propriété individuelle en supprimant les droits héréditaires des propriétaires fonciers; ainsi un terrain qui était propriété privée redeviendrait, à la mort de son possesseur, le bien commun.

Après Thomas Paine, et déjà en notre siècle» nous voyons écrire sur le même sujet Patrick Edward Dove. Voici son système : la valeur de la terre a deux origines; sa propre nature et le travail dont elle est l'objet. La valeur qui résulte du travail peut être le bien de particuliers tandis que celle qui résulte de la nature de la terre doit être le bien commun et, par conséquent, ne peut jamais appartenir aux personnes privées comme il est admis actuellement.[1]

Le projet de restitution de la terre au peuple préconisé par la Société japonaise : *The land reclaiming Society,* rappelle le précédent, Il se réduit à ceci : chacun a le droit de posséder la quantité de terre nécessaire à ses besoins, à la condition de payer un certain impôt; aussi peut-il exiger de celui qui possède plus de terre qu'il n'en doit revenir à chacun. la cession d'une partie de ce superflu.

Enfin, à mon avis, le meilleur projet, le plus juste et le plus réalisable, est celui de Henry George, connu sous la dénomination

---

1 J'ai emprunté ces renseignements à un excellent ouvrage de l'écrivain anglais moderne Maurice Davidson: *Precursors of Henry George* (*Note de l'auteur*).

Chapitre XIII

impôt unique.[1]

Chapitre XIV

Je considéré donc le projet de Henry George comme le plus équitable, le plus salutaire et surtout le plus pratique de tous ceux que je connais. On peut se le représenter en raccourci de la façon suivante :

Imaginons qu'en un pays quelconque toute la terre appartienne d'abord à deux propriétaire, - l'un très riche et vivant à l'étranger, l'autre moins riche et s'occupant à la maison, - et puis à une centaine de paysans possesseurs de lots moindres. De plus, le pays est habité par quelques dizaines d'artisans, de commerçants, de fonctionnaires, n'ayant pas de terre.

Supposons que tous les habitants arrivent à se convaincre que toute la terre est un bien commun et décident d'en disposer conformément à cette conviction.

Comment doivent-ils précéder?

Il est impossible d'enlever toute la terre à ceux qui la possèdent et d'autoriser chacun à choisir le lot qui lui plaira, car il y aura toujours plusieurs amateurs pour un même terrain, d'où résulteront des querelles interminables. Il n'est pas plus aisé de s'unir en une seule association» de labourer, faucher, rentrer la récolte en commun et de la partager ensuite, attendu que les uns ont charrues, chevaux et charrettes, tandis que les autres en manquent, et que, de plus, certains des habitants ne savent pas cultiver là terre ou n'en ont pas la force. Il est également très difficile de partager les champs en lots de qualités égales. Si, pour atteindre ce but, on répartissait les lots de diverses qualités, de façon que chacun ait pour sa part des terres excellentes, moyennes et mauvaises, des terres de labour, de pâturage et de bois, alors les terrains seraient trop morcelés.

De plus, cette répartition serait dangereuse parce que ceux qui ne veulent pas travailler ou qui ont grand besoin d'argent céderaient leurs terrains aux riches, et ainsi les grandes propriétés se recons-

---

1 Voir les deux: projets résumés par Tolstoï dans l'Appendice (*Note du traducteur*).

Léon Tolstoï

titueraient.

C'est pourquoi les habitants du pays décident de laisser la terre telle quelle à ceux qui la possèdent, mais en forçant chaque propriétaire à verser dans la caisse commune une somme représentant le revenu - estimé d'après la qualité et la situation du terrain» - que rapporte aux propriétaires le sol qu'ils possèdent, et qu'on partage cet argent entre tous. Mais comme il est difficile de recueillir l'argent de tous les propriétaires fonciers et d'en faire ensuite la répartition entre tous les habitants, qu'en outre tous les habitants donnent de l'argent pour les besoins communs: écoles, églises, appareils d'incendie, gardiens de troupeaux, réparation des routes, etc., comme ces sommes ne suffisent généralement pas pour assurer les services publics, les habitants du pays décident qu'au lieu de percevoir l'argent du revenu de la terre pour le répartir d'abord entre tous, puis de le rendre en partie sous forme d'impôts, de réserver immédiatement aux besoins communs tous les revenus de la terre. De cette façon, l'impôt est payé par les propriétaires qui possèdent beaucoup de terre, ainsi que par les paysans qui en possèdent peu, tandis qu'on exige rien des dizaines d'hommes qui ne possèdent aucun terrain, et on les laisse jouir gratuitement de tous les avantages que procurent à la société les revenus fonciers.

Et voici, le résultat de ce système : le propriétaire qui n'habite pas la campagne et tire peu de revenus de sa, terre, trouve désavantageux de payer l'impôt foncier et préfère abandonner sa propriété. Un autre propriétaire, bon travailleur, ne renonce qu'à une partie de son terrain et garde celle qui peut lui rendre plus qu'elle n'est grevée d'impôt.

Les paysans qui possèdent de petits lopins de terre, insuffisants pour le nombre des travailleurs, puis ceux qui veulent cultiver la terre mais n'en possèdent pas, prennent celle abandonnée par les propriétaires. Grâce à ce système, tous les habitants du pays, peuvent vivre de la terre et tous les terrains disponibles passent à ceux qui aiment l'agriculture et savent faire produire le sol. En môme temps, les institutions sociales s'améliorent parce qu'on peut leur consacrer plus d'argent qu'auparavant et, surtout, parce que ce déplacement de la propriété foncière se fait non à la suite des discussions, querelles, violences, mais par l'abandon volontaire de ceux qui ne savent pas exploiter avantageusement la terre.

Chapitre XIV

Tel est le système d'Henry George qui peut être appliqué dans un seul pays, comme par toute l'humanité. Il est équitable, salutaire et surtout réalisable dans toutes les sociétés, quel qu'y soit le régime de la propriété foncière. C'est pourquoi, je le considère comme le meilleur de tous. Mais c'est là une opinion personnelle, qui peut être erronée.

Quant à vous, travailleurs, le jour où vous aurez à disposer librement de la terre, vous jugerez vous-mêmes la valeur de ce projet et des autres, ou peut-être imaginerez-vous un système encore meilleur, plus équitable et plus pratique. En ce qui me concerne j'ai cru nécessaire de les exposer en détail, afin que vous, travailleurs, - comprenant d'un côté, toute l'iniquité de la propriété foncière, et, de l'autre, toute la difficulté et la complexité de la distribution équitable de la terre, - vous ne tombiez pas dans les erreurs d'une répartition irréfléchie : la lutte pour la terre, des individus et des sociétés qui en seraient privés, contre les accapareurs, lutte qui se poursuivra même sous le nouveau régime, rendrait votre situation pire encore que celle d'aujourd'hui.

Chapitre XV

Je résumerai brièvement les points essentiels de ce que j'ai voulu vous dire :

Premièrement. — Rendez-vous bien compte de ce dont vous avez sans conteste besoin et ne cherchez pas à acquérir ce qui vous est inutile. Et vous n'avez besoin que d'une chose : de la terre libre, où vous puissiez vivre et vous nourrir.

Deuxièmement. — Je vous conseille de bien choisir le moyen qui vous permettra d'acquérir la terre qui vous est nécessaire. Vous pouvez vous la procurer non par des révoltes, - dont Dieu vous préserve, - ni par des manifestations sur la voie publique, ni par des grèves, ni par l'envoi des députés socialistes aux parlements, mais seulement en refusant, de participer à ce que vous-mêmes trouvez mauvais, c'est-à-dire en n'aidant pas au maintien de la propriété foncière, soit comme soldats, soit par votre travail ou l'affermage des terres des propriétaires.

Troisièmement. — Je vous conseille de réfléchir à l'avance à la fa-

Léon Tolstoï

çon d'utiliser la terre quand elle sera affranchie. Et pour ne pas tomber dans de nouveaux errements, vous ne devez pas croire que le sol abandonné par ses détenteurs actuels doive devenir votre propriété; au contraire, vous devez savoir que la jouissance équitable des produits de là terre par tous les hommes ne sera réalisée que lorsque personne n'aura le droit à la propriété foncière, ne fût-ce que pour un mètre carré. C'est seulement en reconnaissant la terre comme un bien commun à tous - tels l'air et la chaleur du soleil, - que vous pourrez la répartir équitablement d'après l'un des projets connus, ou quelque nouveau système élaboré de concert par vous.

Quatrièmement. - Je vous conseille surtout, pour atteindre votre but, de diriger vos efforts, non vers la lutte contre les classes dirigeantes, de recourir aux émeutes, révolutions et aux autres procédés socialistes, mais de vous appliquer à votre propre amélioration, par une vie meilleure.

Les hommes ne sont malheureux que parce qu'ils vivent mal. Rien n'est plus nuisible que l'idée que la cause de notre situation misérable n'est pas en nous, mais dans les conditions extérieures. Il suffit à un homme, ou à une société, d'imaginer que le mal qu'il éprouve provient des conditions ambiantes et dirige par suite son attention et ses forces vers un changement purement extérieur, et son mal ne fera que s'accroître. Mais il suffirait à l'individu et à la collectivité de regarder en eux-mêmes et de chercher dans leur existence la cause du mal dont souffrent l'un et l'autre, pour que cette cause fût immédiatement découverte et disparaisse d'elle-même.

Cherchez le royaume de Dieu et sa vérité, et le reste vous sera donné par surcroît, telle est la loi primordiale de la vie humaine. Si vous vivez mal, contrairement à la volonté de Dieu, aucun de vos efforts ne vous procurera le bonheur que vous cherchez. Vivez bien, moralement bien, d'accord avec la volonté de Dieu, et le bonheur, sans le moindre effort, régnera de lui-même parmi vous, et cela par un procédé auquel vous n'aviez même jamais songé.

Cela semble aussi naturel, aussi simple que de pousser la porte derrière laquelle se trouve ce que nous cherchons, et c'est d'autant plus naturel que derrière nous se trouvent une foule d'êtres comme

Chapitre XV

nous, qui nous poussent et nous pressent contre la porte. Mais plus nous nous obstinons à nous heurter contre cette porte derrière laquelle est ce que nous considérons comme le bonheur, moins nous avons de chances de la franchir : elle ouvre en dedans.

Donc, pour atteindre le bonheur, on doit se soucier non du changement des conditions extérieures, mais de sa propre transformation : l'homme, s'il fait le mal, doit cesser de le faire, et s'il ne le fait pas, il doit commencer à faire le bien. Toutes les portes qui conduisent les hommes au vrai bonheur s'ouvrent en dedans.

Nous disons : les travailleurs sont asservis par les gouvernants, par les riches. Mais que sont ces hommes qui forment les classes dirigeantes et riches? Sont-ce des hercules capables individuellement de vaincre des dizaines, des centaines de travailleurs? Ou bien sont-ils très nombreux en face d'un petit nombre d'ouvriers? Ou ces hommes, gouvernants et riches, peuvent-ils à eux seuls faire tout ce qui est nécessaire et produire tout ce qui fait vivre les hommes? Ils ne sont rien de tout cela. Ce ne sont point des hercules, mais au contraire des êtres faibles et impuissants; ils sont cent fois moins nombreux que les ouvriers; et ce ne sont pas eux, mais les ouvriers, qui font vivre tous les hommes. Ils ne savent ni ne veulent rien faire: ils savent seulement dévorer ce que produisent les ouvriers. Mais alors, pourquoi ce petit groupe de faibles, d'oisifs, de parasites domine-t-il des millions de travailleurs? Il n'y a qu'une réponse. C'est que, dans la vie, les ouvriers suivent les mêmes règles, les mêmes lois qui guident leurs oppresseurs. S'ils travaillent et exploitent moins le labeur des pauvres et des faibles que les gouvernants et les riches, ce n'est point qu'ils trouvent cela mauvais, mais parce qu'ils ne peuvent et ne savent le faire autant que les dirigeants, plus habiles et plus rusés. Ceux-ci dominent simplement parce que les ouvriers désirent également, et par les mêmes moyens, dominer leurs frères les travailleurs.

C'est aussi la raison, - une conception identique de la vie, - pourquoi les ouvriers ne sauraient se révolter réellement contre leurs oppresseurs. Si pénible que soit pour un ouvrier l'oppression des dirigeants, il convient en son âme et conscience que lui-même agirait de même, et peut-être agit-il ainsi dans une certaine mesure aujourd'hui envers ses frères. Puisque les travailleurs s'unissent par le désir de s'asservir mutuellement, il est facile aux habiles, qui ont

Léon Tolstoï

déjà accaparé la force et le pouvoir, de les asservir également. Si les ouvriers n'étaient pas eux-mêmes oppresseurs, autant que le sont les classes dirigeantes uniquement soucieuses de profiter des misères des autres pour établir leur bien-être, si les ouvriers vivaient fraternellement, pensaient les uns aux autres et s'entr'aidaient, personne ne pourrait les opprimer.

Aussi, pour se délivrer de l'asservissement où ils sont maintenus, n'ont-ils qu'un moyen : renoncer aux principes qui guident leur vie, c'est-à-dire cesser de suivre Mammon et commencer à servir Dieu. Les prétendus amis du peuple vous disent, et vous le répétez, - du moins quelques-uns d'entre vous, - qu'il faut modifier entièrement l'ordre actuel : s'emparer des instruments de travail et de la terre, renverser le gouvernement et le remplacer par un nouveau. Et vous le croyez, vous l'espérez, et vous travaillez en vue d'atteindre ce résultat. Supposons que vous y parveniez : vous renversez le gouvernement actuel, vous en établissez un nouveau, vous vous emparez de toutes les usines, des fabriques et de la terre. Pourquoi supposer que les nouveaux gouvernants se guideront d'après: d'autres principes que les gouvernants d'aujourd'hui? Et s'ils adoptent les mêmes, ils appliqueront leurs efforts non seulement à maintenir, mais encore à fortifier leur pouvoir et à en tirer tous les avantages qu'ils pourront.

Pourquoi supposer que les hommes qui géreront les fabriques, la terre (puisque tout le monde ne peut diriger toutes les institutions), animés des convictions des hommes d'aujourd'hui, ne trouveront pas, comme ces derniers, le moyen d'accaparer la part du lion, en ne laissant aux humbles que le strict nécessaire?. On me dira : « La société sera organisée de façon qu'on ne pourra agir ainsi. » Mais est-ce que l'organisation la mieux ordonnée par Dieu lui-même et par la nature, - la terre appartenant à tous ceux qui y naissent et qui y vivent, - n'a pas été bouleversée par les hommes? Et ceux qui ont pour guide le seul souci du bien-être personnel trouveront d'autant plus mille moyens de détruire l'ordre établi par les hommes. Nul changement des conditions extérieures ne saurait améliorer la situation des hommes» C'est pourquoi, travailleurs, mon quatrième et principal conseil, est de ne pas condamner d'autres hommes, vos oppresseurs, mais de vous, juger vous-mêmes et d'amender votre vie intérieure.

Chapitre XV

Si vous pensez qu'il est légitime et utile d'arracher par la force ce qui vous a été enlevé par la force; si vous pensez qu'en suivant la doctrine de ceux qui se trompent, il est légitime et utile de prendre part à la lutte des classes et de rechercher l'appropriation des instruments de travail faits par d'autres; si vous pensez qu'étant soldats, vous êtes obligés d'obéir à ceux qui vous ordonnent de violenter et de tuer vos frères et non d'obéir à Dieu, qui vous défend d'agir ainsi; si vous pensez qu'en concourant à l'iniquité de la propriété foncière, en travaillant et en affermant les terres des propriétaires, vous ne faites rien de mauvais - si vous pensez tout cela, votre situation ne fera qu'empirer de plus en plus et vous serez éternellement esclaves.

Mais si arrivez à comprendre que pour atteindre le vrai bonheur vous n'avez qu'à vivre selon la loi divine, fraternelle, c'est-à-dire, de faire à autrui ce que vous voulez qu'on vous fasse, et si vous l'accomplissez dans la mesure de votre compréhension, le bien que vous désirez se réalisera et votre esclavage prendra fin. « Et vous connaîtrez la vérité, et la vérité vous affranchira ».

Yasnaïa Poliana, Septembre 1902.

ISBN : 978-1535315968

Léon Tolstoï

www.ingramcontent.com/pod-product-compliance
Lightning Source LLC
Chambersburg PA
CBHW060342290526
45793CB00003B/698